꽃은 향기로 말한다

박성금 시집

■ 시인의 말

새들이 허공에 그은 밑줄들을 나는
날마다 필사를 한다.
그 글들이 한 권의 시집이 되었다.

−2024년 가을 신장리에서
박성금

차례

■ 시인의 말   3

1부

꽃은 향기로 말한다	11
친정집 칸나	12
우주 다큐	13
삶의 되새김질	14
낙엽 인생	15
전어철	16
핑크 뮬리	17
살살이꽃	18
한로	19
유턴	20
몽돌의 애상	21
송공항	22
허상	23
감자꽃이 필 때	24
푸른 철학을 배운다	25
황혼의 뜰	26

2부

농부의 혼	29
억새꽃	30
다향	31
퍼플교	32
한 페이지씩 넘기는 삶	33
복수초	34
은빛 사랑	35
영혼을 깨우는 노래	36
계절이 흐르는 소리	37
잠들지 않은 바다	38
숲은 보약	39
갈색 엽서	40
기억의 정거장에서	41
무상	42
허락되지 않은 사랑	43

3부

저물녘에	47
해변 길	48
거울 속 꼭두각시	49
가을에는	50
애기동백	52
초승달 뜨는 날	53
속앓이	54
삶의 시선	55
밤바다	56
운 좋은 청설모	57
나의?	58
말에 온도계가 달렸다	59
대만으로 간 여우들	60
만추의 환상	62
동면	63

4부

탈의 약속   67
세월의 바다를 건널 때   68
항쟁기념탑 가는 길   69
유홍초   70
백목련   71
신비의 무화과   72
노노 케어   73
달리아   74
청보리밭에서   75
외눈박이 감시원   76
여름이 걸어오네   77
인생 잔고   78
압해도의 밤바다   80
가슴을 열어보니   81
황혼의 로망   82

■ 해설 _ 이송희
눈부신 소멸의 꿈   83

1부

꽃은 향기로 말한다

꽃은 하나의 몸짓으로 말한다
맑은 영혼에서 향기가 발하고
소리가 없어도 꽃은 향기로 말한다
사람이어서 사람이듯
꽃이어서 꽃이라고
철 따라 이름을 달고
색색으로 말한다
작은 들꽃도 향기로 벌 나비와
사랑을 속삭이고
이름 모를 야생화도
바람이 흔들어 대니
꽃은 향기로 말하고
색으로 꽃이 된다

친정집 칸나

열기를 뿜어 대는 여름날
뒷봉창 문을 열었더니
자손들이 번성하여
대나무 숲 사이로 끼어든 바람결에
한들거리며 나를 보고 웃는다
반갑다 칸나야 터줏대감 노릇하고 있구나
반세기가 지났어도 마냥 그 자리에서
뜨거운 지열 속을 견디면서 목을 세우고
하늘을 향해 치솟는 붉은 꽃잎을 바라보니
꽃은 시들어도 잠들었다 다시 태어나
세월은 흘렀어도 예쁜 모습 그대로인데
너를 보니 내 모습은 망태기가 되는구나
나의 남은 토막에 칸나를 접목시켜 볼까나

우주 다큐

여름이 조금씩 몸을 식히는 시간
하루의 쉼을 평상 위에 얹는다

편한 자세로 관람료 없는 전시회를 본다
세상에 하나뿐인 이색의 밑그림

달의 표정은 외롭지만
달의 이면은 이야기가 많을 것 같다

계수나무 아래는 견우와 직녀 같은
사랑도 했었을 듯

수만 광년의 결정체들
별들의 은신처를 찾아본다

빛을 방출하는 천체들의 시공간 따라
나도 하나의 공간 지구에서 세상을 읽는다

삶의 되새김질

시간의 지문을 따라 걷다 보면
둥글고 네모나고 뾰족한 돌들 마냥
문양처럼 흔적을 그리고 있다
시간표 위에 나를 올려놓고
어디론가 떠나자고
노예처럼 끌고 가는 시계추
짹 깍 짹 깍 돌아가 봤자
밖이 안이고 안이 밖이다
느리지도 그렇다고 속도를 낸 것 같기도
진창인가 싶으면 무지개가 뜨기도
어느새 히죽거린 주름진 눈웃음 속엔
자승자강自勝自强이란 좌우명은
지금도 진행 중이다
예고도 없이 문턱을 넘어버린 가을 앞에서
나는 기억을 꺼내 소처럼 되새김질한다

낙엽 인생

한 뼘씩 짧아지는 가을 햇살
구순의 어머니 표정은 가을이다
천식이 도지고 심장이 좁아지듯
마지막 잎새처럼 바스러진다
만날 때마다 눈가에 물기가 어려 있다
언젠가는 떨어져야 하는 불변의 법칙이지만
색을 입은 낙엽들도 서서히
바람에 나부껴 가지를 떠나고
갈대는 바람이 없어도
은빛으로 나부낀다
어머니의 의중이 역력해 보인다
어느 날 고운 잎 잔바람에 떨어지듯
꽃상여 현란한 색감으로 떠나가는
애상의 슬픈 곡조처럼
세월 지는 소리가 빨갛게 타들어 간다

전어철

서서히 불어오는 가을바람과 함께
갯가의 개미진 식도락가의 포차에서
전어구이 냄새가 코끝을 당긴다

집 나간 며느리도 돌아온다는 말이 있듯
지글지글 고소한 전어구이 한 접시
새콤달콤 회무침 한 접시도

미식가들 회포로 마음들이 축적되고
정이 오가는 건배의 잔이 부딪치고
포차 안이 들썩들썩 만찬이다

휘어부는 바람결 따라 어망을 깔아놓고
한철을 즐기는 전어 잡이 어부도
흥소리가 입가에서 귀까지 벌어져
고단한 하루를 지우고 있다

핑크 뮬리

하늘빛이 푸르다
함평천 생태 단지에 핑크 뮬리
꽃물결이 출렁대고 있다
보드라운 비단처럼 살랑살랑
핑크빛 향연을 펼치고 있다
사람들 오감에 비명을 지른다
여기저기서 찰칵찰칵 이미지 담는 소리에
쥐꼬리 같은 하루해는 점점 짧아지고
가을은 서정을 벗어나고 있다

살살이꽃

가을이 데리고 온 들꽃이 번지고 있다
그저 바람에 도리질하는
코스모스가 가을빛을 물들인다

막연한 설렘인지 탈출하고 싶은지
한 겹 한 겹 얼룩진 여정 벗어버리고
돌아가는 여분을 찾아 가을 길 나섰다

향기를 뱉어내는 가냘픈 목덜미 사이로
살랑살랑 가을빛 따라 더 가까이
내 마음에 다가왔구나

벌겋게 비상하는 시간
송이송이 고운 꽃잎에
깊은 생채기를 남기며
빛바랜 애달픈 추억을
내 가슴에 살랑살랑 소환해 본다

한로

바람의 눈초리가 싸늘히 식었습니다
내 등줄기엔 찬 기운이 파고듭니다
갈바람에 나뭇잎들은 비틀거리며
색색이 갈아입은 옷자락을
바람이 할퀴어 길바닥에 눕히고
은빛 억새꽃도 헐떡거린 숨소리로
생명줄을 털어 내는 중이고
향기로 뿌려놓은 들꽃들도
이젠 먼 길을 떠나려고 합니다
비우고 버리고 내려놓으면
또다시 채워진다는 것을
가을 숲은 말합니다
한로가 데리고 온 무서리가
또 다른 계절의 옷을 갈아입히고
겨울 준비를 하겠지요

유턴

쌓인 낙엽 무더기를
살며시 쓸어안고
노을빛에 불을 지피면
일렁이는 강물 속에
가을 산은
침전되어 채색된다

나이가 무거워질수록
쉬엄쉬엄은 그저 말뿐인 듯
바쁘기만 하다

세월의 뒷자락을 잡고
돌이킬 수 없는 것들은
화석처럼 견고해지고
숫자만 저축하듯 늘어난다

이제는 돌아봐도 역행을 할 수 없다
보낸 것들을 긴 그림자로 동여매고
잃어버린 시간의 지문을 찾아
돌아가고 싶다 유턴하고 싶다

몽돌의 애상

서로를 안고 뒹굴며
들숨 날숨 둥글게 닮아갑니다

시련도 아픔도 분노도 집착도
그저 세월의 흐름에 씻겨가고
풍랑에 시달리고 파도에 떠돌다가

낮엔 햇살과 동행 밤엔 검푸른 별빛과 동행
함께한 억겁의 근육질 조수에 부풀어
파도와 갈매기 밀어를 속삭이는 시간
변방을 돌고 나가는 바람뿐

저 깊은 암초 사이에는 영롱한 산호도
진열되어 있을 테지만 산호도는 구경도 못하고
애잔한 마음은 눈을 감고 버팁니다

좌회전 우회전 뒤엉킨 자리에서
파도와 돌개바람이 회오리로 생겨나도
떠날 수 없는 그 자리엔 파도만 출렁거리고
동행 중인 햇살은 몽돌의 명줄을 알려줍니다

송공항

시아바다 망망대해
파도 따라 흐르는 물결은
역도의 등 허리를 감돌고

어구를 싣고 닻을 올릴 채비로
어부들 발걸음이 바쁘다
뱃고동 소리가 울려 퍼진다

철 따라 물때 따라
겨울엔 숭어 동어
봄에는 병어 갑오징어
여름엔 민어 꽃게
가을엔 뻘낙지 전어

삶이 묻어 나는 곳 송공항
어판장엔 시끌벅적이 산다
중개인 손가락에 눈이 번쩍거린
중매인 눈치로 어민들 통장은
삶의 희노애락이 점을 친다

허상

희미한 안개가 벗겨지듯이
사라져 간 시간들
속절없다 부질없다
추억을 마시게 하는 사람
그리움을 마시게 하는 사람
어김없이 내 앞에 앉아
떠나지 않는 그 모습
사라질 듯하면서도
추억의 조각들이
내 안에서 맴돈다

감자꽃이 필 때

해를 품고 달을 품고
달력의 기운이 가득한 감자밭엔
보랏빛을 발산하고 있는
꽃대 위로 산나비가 찾아와
향을 탐닉하고 있다
햇살 한 줌이 간절한 장마는
산덩이 같은 먹구름을 몰고 와
한바탕 소나기로 두드리더니
감자꽃이 지쳐서 고개를 떨구니
뿌리의 근육들이 탱글탱글 여물고 있다
소나기 지나간 서쪽 하늘가엔
무지개가 걸쳐있고
긴 하루가 서서히 기울고 있다
어스름한 별빛 아래서 모깃불 피워놓고
대청마루 걸터앉아 감자 구워 먹던
그 시절이 아! 그립다

푸른 철학을 배운다

녹음이 짙어지고 있다
만물이 생을 채우느라
초록의 바람결이 초목을 감싸는데
풍성해질 날을 준비하느라
햇살은 마냥 열기를 품어 낸다

담쟁이는 촉수를 세우고
담장을 채우며 수를 놓아가고
해바라기 능소화 뜨거운 눈빛으로
미소 지으며 제자리를 지킨다

포도 알알이 영글어 가고
초가지붕 위 박꽃은 밤이슬에 목을 축이고
초록 넝쿨 사이로 빼꼼히 내민 호박꽃
히죽거리며 혀를 날름거리면

결실을 잉태하기 위해
푸르름으로 에너지를 채워주고
초록의 힘으로 비타민을 챙겨주는
자연의 숨소리에 푸른 철학을 배운다.

황혼의 뜰

세월 위에 겹겹이 쌓인 먼지를
훼이 훼이 털어버리고
구순을 넘어버린 금성 댁
멍 허니 홀로 앉아
막연한 기다림은 무엇일까?
누구의 눈도 마주침 없이
운명의 규율인 양
홀로 주어진 시간 속에서
이별의 수식어가 기다리기에
흥얼거림의 콧노래로 마음을 내려놓고
뜰에 늘어선 꽃들과 눈 맞춤으로
마음을 달래는 중이다.

2부

농부의 혼

논두렁에서 아장아장 걷던
두루미는 보이지 않고
청둥오리 떼들 우듬지에서
짝을 찾느라 소란스럽다

봄부터 힘겹게 견뎌내고
가을 수확으로 텅 빈 들녘에 나서니
갈바람이 허리춤을 추스르게 하고
주름진 볼살을 따갑게 스치던
태양의 신음이 계절의 표상인 양
점점 멀어져 가고 있다

땅의 진실함을 믿고 따르며
인고의 고달픈 시간으로 얻어진
알맹이로 마음을 채우니
우주 곳곳에 배가 불러온다

머지않아 동장군 앞세운 삭풍이
눈꽃 설경을 배경 삼아 겨울로 올 거다

겨울은 새로운 기운을 위한 숙연한 쉼표이니
땅심과 농부도 오랜만에 휴식에 들 거다

억새꽃

뿌리만큼은 흔들리지 않는데
잎끝에 매달린 한로가
하늬바람을 몰고 와서
허리에 매달려 몸통을 흔들어 주니
꽃잎은 못다 이룬 꽃 날들을
서로를 위로 하듯 감싸고 있는데
당신의 머릿결 위에는
하얀 면사포 자락이 나폴거리고
낙엽이 가는 길 위에 곱게 단장하고
노을 속 은색 물결로 출렁대며
사그락사그락 흔들어 대며
마음 설레게 하는 꽃
떠나려는 길손 앞에서
파르르 떨고 있구나

다향

잔에 담긴 향기
진분홍 애기동백꽃
둥둥 잔 속에서 피어나
청아한 화색이 감돈다

살포시 향기를 뿜고
내 목에 적셔 오면
넌지시 눈웃음 지으며
한 모금 적신 입가에
번지는 미소로
심신을 풀어 준다

애기동백 숲 꽃망울 위로
하얀 눈송이 내리면
붉은 꽃차 한 잔으로
동백 향을 마신다

퍼플교

바람도 멈추어가고
사람도 쉬어가는 곳

교각은 햇살을 머금고
보라색에 빠져든다

갯물은 박지도를 감고 돌아
반월도를 품어 줄 때면

바닷새는 날갯짓을 하며
물결 따라 춤을 춘다

보랏빛 연서를 깔고
몇 번을 걸어도 새롭다
머리는 하늘을 향하고
마음은 바다로 향한다

한 페이지씩 넘기는 삶

운명이 나에게 건네준
시간들이 쌓인 탑 조각
작품 속에는 저마다
색깔과 표현으로
채워가고 있다
행복했었다고
고달펐었다고
사랑했었다고
한 페이지씩 넘겨온 삶
순간순간의 채색된 이야기들
책갈피 속에 끼워 놓고 보니
잃은 것도 얻은 것도 많다
오늘도 한 페이지를 채우고
책장을 넘긴다

복수초

대지의 눈꺼풀을 풀려고
쌓였던 서릿발 딛고 푸석거리며
잔설 속에 뿌리를 내리고
꽃대를 밀고 나와서 기지개를 켜고
앙증맞게 봄 마중 길로 나선다

여린 병아리가 양지쪽 틈새로
빠끔히 고개 내밀고 방긋거리듯
볼살 스치는 차가운 바람결이
원망스러워도 살짝 몸을 살리고
은은한 눈빛으로 미소 지으며
세상 밖을 둘러본다

보드라운 햇살 내려주기를
기다리고 있단 말인가…

은빛 사랑

햇살 먹은 하루를 등지고
벤치에 앉아 추억을 소환해 본다

바람 찬 고갯마루에 휘청거리는
바싹 마른 장작개비 마냥
살아온 만큼이나 망가져가는 몸
애증과 갈등과 질곡진
주마등이 서산에 걸렸네

말투가 닮아가고
생각도 닮아가니
한결같이 쌓아온 흔적들
찡하게 다가오는 가슴의 울림이
골 깊은 주름 속에 채워져도

잠 못 이룬 밤이면 둘이라서
두런두런 기억도 씹을 수 있으니
붉게 물든 황혼빛에
인생은 바래져 간다

영혼을 깨우는 노래

앞가르마 곱게 빗은
갸름한 표정은 정녕
우화의 잠에서 허공의 날개를 달고
꿈을 꾸고 계신 가요

애정의 울타리 안에서 맴돌다가
옥양목 치마저고리 낡아져도
지칠 줄 모르던 한평생을
이제는 영혼만 남은 그늘 밑으로
바람만이 옛 얘기를 들려주네요

못다 한 이야기 여운을 남기기 전에
외롭게도 하얗게 구름 되어버린 생
다정한 목소리 들을 수 없지만
그리운 어머님께 멀어진 하늘 향해
환송의 찬양 노래를 보냅니다

구십 평생 자식 걱정스러운 가슴에 안고
한결같은 믿음으로 살아온 시름들
다 잊으시고 편히 쉬소서

계절이 흐르는 소리

얼음장 속 나무의 물관부에서
또르르 흐르는 생명의 소리
우수 경칩 지나자
새 생명을 잉태하는 숨소리들

은빛 파도 밀리는 해변으로
녹음이 우거진 골짜기로
모여든 인파들 탄성으로
자연이 괴로워 몸살 앓는 소리

오색찬란한 산자락에
솔바람 타고 뒹굴며
잎새를 보내야 하는
나목들 가슴앓이 소리

눈꽃이 흩날리는 날
조용한 찻집에서
따스한 차 한 잔 향기에 취해
책장처럼 넘겨지는 계절을 읽는다

잠들지 않은 바다

석양이 뉘엿뉘엿 밤의 어귀로 숨어 버리고
마중 나온 별빛이 검은 수면 위로
몸을 담그고 종종걸음으로 따라다닌다

시간을 재촉하며 오가는 밤비는
흥건히 젖어오는 어둠을 가르고
항로의 길을 헤치며 발동을 거는데
갯바위에서 입질하는 낚시꾼 잠을 깨운다

파도가 연주하고 물새가 노래하는
바다의 향연에 물살의 근육질은
벅찬 감동의 울림이 파도 따라
달빛에 불끈거리고

까만 밤 감성의 물결 위에 별빛은
은하를 만들고 달무리 생채기를 일구며
출렁거린 등댓불도 함께 춤을 춘다

숲은 보약

지구는 산성화로 몸살을 앓고 있다
바이러스가 들끓어
호흡을 마음대로 할 수 없으니
마스크가 필수품이 되어버리고
기후가 온난화로 변해가니
폭풍우 열대야가
우리를 괴롭힌다
망가져 가는 지구
그 속에서 인간들은 버티어 보려고
건강식품 의료기가 남발이니
속고 속는 세상에 물들고 있다
우리는 살아가야 할 이유이기에 숲을 만들자
건강증진과 면역력 향상을 위해
음이온 피톤치드 맑은 산소를 마시러
건강을 찾으러 보약을 찾으러 숲으로 가자

갈색 엽서

바람 냄새가 향기로운 날
녹슬어 버린 울타리를 뛰어넘어
그리움을 몰고 온 그대에게
오색 빛 색을 곱게 입혀서
추억의 한 자락을 꾸미고

파란 하늘 언저리에
송골송골 부풀어 오른
꽉 찬 가을 파편을 펼쳐놓고
하얀 구름을 한 폭 그리고
흔들리는 은빛 갈대꽃도 새기고

만추의 갈바람에 은사시 가지에서
떠나는 잎새들 산비탈에 뒹굴고
서리 내린 머리카락 위로
가을 햇살이 곱게 내려앉아
편지를 쓰는 행복함이
갈색빛으로 물들어 간다

기억의 정거장에서

청춘은 멀리에서 온 것 같지만
지금도 내 앞에서 서성거린다
저만치 흘러버린 시간을 쌓은
탑 위에 자화상을 걸어 두고
기억을 잠시 되새김질해 보니
인생론 산전수전 생각하기 나름이건만
무탈하게 여기까지 왔노라고
긴 한숨을 내쉬어 본다
이제 다시 또 은빛으로
물들어갈 정거장 앞에서
미로의 길을 찾아 승차하고서
서쪽을 향한 기적소리 따라
퇴색해 버린 얼굴만큼이나
익어버린 단풍처럼 붉은 심장을 태우는
노을빛으로 저물어 가는
다음 정거장 도착지에 내리는 날
나의 뒷모습이 아름답기를 소망해 본다

무상

갈바람에 휘청거리는 자작나무 숲속
소란스럽게 깔린 낙엽들
찬 서리에 뒹굴며 가을 문턱을 넘는다

해야 할 일과 바래고 싶은 심신
말 많고 일도 많은 삶의 현장에서
고단한 마음의 쉼을 위해
조용한 공간에 몸을 뉘고

마른 이끼를 떼어내지 못한
바위 같은 무거운 마음에
묵은 각질을 낙엽으로 덮어버리고
보이지 않는 또 다른 나의 미지로
꿈틀거리고 싶다

허락되지 않은 사랑

풍선처럼 가득했던 내면의
알 수 없는 거북스러운 존재
근심과 두려움을 현실에서
해결하지 못한 죄스러움이
땟국물로 적셔진 마음을 던져버리고
원점의 자리로 돌아가야 했었다
참된 사랑은 자유로워야 하며
구속 없이 소유하는 것이 아닐까?
왁자지껄한 삶의 현실 속에서
어둠이 지배하는 일그러진 조각들
하나씩 털어 내며 끈을 잘라야 했다
돌아갈 수 없는 길을 따라 낙엽을 밟으니
잎을 보내며 부르는 나목들 슬픈 곡조가
떨군 갈바람 소리에 아쉬움 달래는
가을 사랑처럼

3부

저물녘에

파도가 시아바다를 넘나들고
부딪치고 쪼개지고 또 밀리면서
해를 품어 버리니
갯바람이 몰고 온 강줄기 따라
갯골에 땅거미가 쓰러지고 있다
하루가 침몰하여 바다가 초승달을 마중하고
둥둥 떠다니는 비오리 떼들 물 훼치는 소리에
별빛은 조각조각 이미지를 남긴 채
고요함만이 침전되고 있다

해변 길

검푸른 해송 아래서
함초름 한 갯멧꽃 한 잎을
입에 물고 나팔을 불어보니
비릿한 갯내음은 코를 찌른다
추억 속 해변의 옛이야기들이
귓전에서 맴돌고
갈매기들 수다 떠는 소리와
철썩거리는 파도 소리는
이중창 해조곡을 읊는다
모래밭에 살금살금 밀리는
하얀 물거품 지선 따라
발길을 잡아당기는 둘레길 걷다 보니
수평선 저 너머에서 달려온
갯바람도 함께 하자 하네

거울 속 꼭두각시

빛바랜 창틀 사이로 실 빛살이 내리고 있다
엄마를 닮아버린 나의 뒤태가 붕어빵 같다고 하는데
나이가 채워질수록 더 진해지는 것 같다
낡은 두건 아래로 보일 듯 말 듯 한
주름살 세고 있는 거울 속 내 모습
진실은 숨어 버리고 허울 좋은 민낯일 뿐
명품으로 치장한들 속마음 보이겠는가?
시간만 축내는 무력감만 축적되고 보니
껍데기마저 흐물흐물 삭아 버린 채
망가진 현실을 넋두리로 늘어놓고
마음속 보푸라기들만 허공에 맴돈다
밝은 햇살이 볼살을 스친다

가을에는

곱기도 하지만 아쉽기도 하다
색색이 뒤엉켜 흔들거리는 살살이가
가을 나들이객의 눈망울 유혹하고

봄부터 흘린 땀에 젖은 가난한 농부는
황금 들녘에서 추수하는 소탈한 웃음소리
배는 부르지만, 통장은 빚 탕감 이라네

가로수 은행잎은 항상 푸르러질 줄만 알았는데
서서히 가을 색으로 물들어가고
창공에는 솜털이 뭉글거리니 포근하지만

갈바람이 단풍을 데리고 와서 길섶에 뿌리니
칼바람 따라 바스락거린 낙엽 밟은
어느 노숙자는 그 소리에 마음조일 것이고

귀뚜리 귓전에 들려주는 애달픈 곡조는
여름날 뻐꾸기 구슬픈 목소리가 그리워
가을 사랑 소나타가 달빛 아래 울려 퍼지니

따뜻한 곳으로 떠나려는 철새들 끼룩끼룩

헤매는 무리 떼 날갯짓이 멀어져 가는데
둥지를 놓칠까 감싸고 구슬새는 구구대고 있다

애기동백

송공산 기슭에 붉은 꽃바람이
애기동백 가지를 흔들고 있다
사색의 공간을 채워주고
미적인 상상력을 모아서
마음의 화선지에 예쁘게 새겨본다

숭숭 뚫린 시린 바람이 산비탈로 돌아가고
동박새는 눈 덮인 가지 사이에서 그네를 타더니
꽃잎에 쌓인 하얀 가루 털고서 후드득거린다
현실은 냉혹한 것임을 알면서도
그 꽃 이름 자체는 화려하다

먹구름 사이로 가끔 내려주는 실 빛살에
동백잎은 더욱 짙푸르고 가지각색으로
꽃잎들 화사하게 이쁨을 잊지 않고
자태를 뽐내고 함박웃음 피우고 있으니
삼매경 상춘객들 휴대전화기 속에 이미지를 저장한다

초승달 뜨는 날

붉은 노을이 땅거미 되어 어스름한데
아직도 집으로 가지 못하고
석양의 끝자락에서 맴돌고 있는
실낱같은 가냘픈 달을 보면
또 하루를 보내야 하는 생의 한 토막
달 그림 저 속에 나의 일과를 담아 본다
과거는 풍차 날개 돌 듯 청춘을 돌리고
세월의 긴 꼬리는 뱅글뱅글 돌아간다
들풀처럼 어깨를 서로 비벼대며
그 운명의 끈 한 올 한 올 갈라 잡고
길 위의 순례자처럼 서쪽으로 기우니
달은 배고프다고 밥 달라 보챈다
또 하루하루 배를 채우고 지나면
배가 불러 풍성한 달을 만들고
밤마다 연륜을 차곡차곡 쌓으니
해도 따라 돌고 돌 것이다

속앓이

막다른 절망 앞에 숨 한 번 몰아쉬고
하늘을 우러러볼 수 있는 여유가
그 순간의 찰나에 한 번 더 숨을 내쉬어 본다
용암처럼 솟은 부아가 멈춰 버렸으면 하는
통제 불능에 빠져 입에 가득한 뱉지 못한 말
누구에게도 속앓이 말을 걸 수가 없구나

가슴이 아프다 마음이 저리다
도구에 베인 상처보다 말에 베인 상처가
더 쓰라리다는 것을

삶의 시선

길은 하나가 아니라는 것
애초부터 삶의 길은 평탄 길만은 아니듯
좁다란 비탈길로 간들 어쩔 수 없겠지만
확 트인 직선으로 간들 별거 아니네
자꾸만 흐릿해진 시야는 아롱아롱 가물거리는데

비틀거리며 떠나버린 시간을 찾아서
허기진 몸 돌담에 기대어 기지개를 펼쳐보니
길섶에 따라선 동백꽃이 떨어져 뒹굴더니
골목길 돌아선 발자취 위에 피멍이 뻘겋다
헐거워진 담벼락엔 검버섯이 번지고 있다

가는 길은 자꾸만 가까워지고 있는데
호기심이나 망설임이 갈수록 무디어지는
나의 시선은 고목의 가지 위에 프로펠러로
내려앉아 타임머신을 달고 허공을 향해
날아가고 싶다

밤바다

하루의 낙하로 태양을 삼켜버린 바다는
별을 안고 밤길을 떠돌고 있는데

수평선 위에 감성의 잔물결 따라
별꽃이 만개되어 윤슬이 피었다

물살의 하얀 근육이 힘을 불끈거리면
별빛은 검은 바다 위에서 파도를 타는데

비오리 떼들도 바닷속을 헤치며
인어의 전설을 찾아 목청을 높이고

잔바람이 몰고 온 철썩거린 밀물 위에는
둥근 달님도 은빛 파도 따라 함께 노닌다

운 좋은 청설모

참 그놈 운 좋은 날이네
분명히 내 앞차 밑으로
들어갔는데 살아서 뛰어가다니
정말 날쌔다고 해야 할까?
아니면 운이 좋아서일까?
그놈의 청설모가 아슬아슬
눈 깜짝할 사이
내 마음은 어리벙벙하다
뛰어가는 청설모야
너 참 다행이구나
운 좋은 날이구나
매일같이 홀매산 모퉁이 길
지나는 둘레에는 흔히 볼 수 있다
차량들 때문에 운 없는 놈들
피투성이에 쓰러진 시체들
고라니 길고양이들 안타까운 모습
내 삶 앞에는 항상 청설모처럼
운 좋은 날이기를…

나의?

여진을 일으켜 자아의 껍질을 깨고
근원적인 심적 사고로 방향을 잡고
자신에게 새로운 질문을 하면서
삶의 질서와 균형 잡힌 탈바꿈으로
눈높이에 맞는 생채기를 발견하면서
내면을 살찌우고 변해감이 어찌하리
끊임없이 새로움을 추구하면서
성찰하기 위해 변화의 존재를 질문하고
불편하겠지만 한 걸음씩 옮길 때마다
물음표를 찍겠노라

말에 온도계가 달렸다

부드럽고 약한 것 같으나
강하고 날카로운 것은 입술이다
그 안에서 놀리는 혀는 주재가 되어
따뜻함과 차가움의 온도 차가 발생한다

목련꽃처럼 온화한 봄날에 순수함이
피어난다면 온도는 따뜻하게 오를 것이고
고드름이 땅을 찌를 듯 차갑게 굳어버린 말은
영하로 뚝 떨어지게 만들 것이다

사랑으로 감싼 입술이라면
따끈따끈한 난로 위에 얹어놓은
물 주전자 주둥이에서 나불나불 스민 김이
하나의 공간을 온기로 채우고

차가운 입술에서 날카롭게 뱉어내는 말씨는
얼음장 속에서 싹을 틔우지 못할 것이니
입술을 움직일 때는 따뜻한 입김으로
여린 새싹들 예쁘게 키울 수 있는
말의 온도계를 마음에 달고 싶다

대만으로 간 여우들

여우들 구단 3박 4일
봉사라는 이유로 우리는 뭉쳤다
설레는 마음으로 신바람 타고
봇짐을 싸매고 부웅 하늘을 날아
떨어진 곳이 대만이란다

여우들 가슴에 불을 지피고
대만의 명승지들 탐색할 때면
고삐 풀린 망아지들처럼
중년의 여우들은 자유의 여신들로
대만을 활보하며 액정 속에 채운다

타이베이 전망대 유리관 전망대
바다와 산호가 어울린 지질공원
스펀 옛 기찻길에서 소원 풍등 날리기
라오제 야시장에서 밤거리를 누비면서
여우들의 대만에서 마지막 밤의 시간

숙소에서 구단들은 다짐했다
여우들은 흩어질 수 없다고
뭉쳐서 더 열심히 해보자고

더 봉사하면서 살자고
더 성숙한 시간으로 마음을 채웠다

만추의 환상

파란 하늘이 가끔 먹구름을 몰고 와서
구시월 도지기라는 우박도 뿌리고
차가운 소낙비도 때리고 간다
켜켜이 둘러싸인 산 능선엔
층층이 물들어가는 가을 숲을 만들고
휑한 들길 산모퉁이 억새들
바스락 바스락 스친 바람에
비벼대며 꽃씨 풀풀 날리며 흩어지고 있다
갈색 잎 쌓여가는 언덕배기에
상수리가 툭 하고 떨어지니
다람쥐 놈 기다렸다는 듯이
날쌔게 훔쳐 가지고 도망친다
은행잎 나비 날 듯 한두 잎씩 나풀거리고
은행나무 발등에 떨어진 은행알
똥 냄새 코를 찌른다
낙엽을 밟으며 가을 색으로 치장한
숲속의 꾸러미들 마음에 담으니
늘 그 자리에 있을 줄만 알았던
연둣빛 푸르름은 나만의 착각이었다
여기까지 걸어온 길 낙엽을 밟고 보니
세월의 나이테가 늘어가고
고목이 되어감이 어쩔 수 없구나!

동면

어스름한 길모퉁이 가로등 불빛 아래
앙상한 목련의 마른 가지
칼바람에 춤을 추고 있다
별빛 달빛도 얼어서 서릿발이 내리는 밤이다
매서운 바람은 동장군을 앞세우고
담 넘어 노모의 창문을 두드리는데
콜록콜록 숨 고르기에 목이 쉰 소리가
창틈 새로 들려온다
옷섶에 파고드는 추위 속에
긴긴밤 잠을 잊고 전기매트에 온기를 감싸고
동면의 시간을 뒤척거리면서
잠을 청해 보려고 불빛은 꺼지고
매정한 바람 소리는 노모의 한숨 소리다
허물이 교감되는 생애를 저울질하고 있다
그래도 객지에 사는 자식들 겨우살이 걱정에
마음조이는 건 부모 마음일 테지만
자식들은 알기나 할까

4부

탈의 약속

힘든 시간도 기쁨도
함께하며 여기까지 달려와
지금의 현실 속에 옛 모습은 가버리고
아옹다옹 얼기설기 쌓아온 흔적들
탈을 쓴 모습으로 감춰 봐도 내면이 보인다
둘이서 맞춘 첫걸음
어언 벌써 반세기가 흘렀다
그때 그 모습으로 갈 수는 없지만
함께 걸어온 길은 룰루랄라
행복이라 말할 수 있다
탈을 쓴 채로 웃다 울다 보니
우리의 울타리 안에서 두 아들이
잘 성장해 있기에 축복이요
열심히 보필해 주는 두 며느리
사랑스러운 손자들 건강하게 자라주니
그 모습만 봐도 기쁨 속에 두 배가 되고
이제는 우리 가족의 테두리에
본분 역할의 탈을 두르고 웃어 보자꾸나

세월의 바다를 건널 때

파도는 여기까지 이 내 몸을 밀고 왔어
모래 틈 사이를 맨발로 뛰면서
마른 언덕에 올랐다가 또다시
물골을 따라 파도에 씻기어 간
모래알처럼 수많은 일상들 속에
늘 삶은 선택이지만 꿈일 뿐이었다
때로는 비바람이 파도를 때릴 때면
숨 쉴 수 없는 멀미가 났었지
늘 찬란한 태양은 비춰주지 않았지
속고 속는 세파 속에 누군가를 원망도 했었지
이 바다 너머에 또 다른 항로 길에는
움켜쥔 노를 놓아 버리고 싶다
잔잔한 바람이 불어준다면 파도를 타고
순리대로 흘러갈 수 있는 돛을 붙들고
저물어 가는 황혼의 불을 지피고
훨훨 물새들과 노닐고 싶다

항쟁기념탑 가는 길

1004대교를 달려서 기동 삼거리에
벽화 동백꽃 머리 노부부가 반긴다
면 소재지에 도착하면
단고리에 우뚝 선 항쟁기념탑에 새긴
농민 투사들 이름 석 자들이 열변을 토하는
소작인들의 목소리가 귓전에서 맴돈다

뭉치어라 작인들아 뭉치어라
우리들의 부르짖음은 하늘이 안다, 라고
목청 높여 노래를 불렀다고 한다

목주름은 밭고랑처럼 파였지만
목소리는 기적소리처럼 우렁차니
전국 방방곡곡으로 퍼지네
제단 위에 꽃의 노래가 퍼져나가고
새겨진 항쟁 투사들에게 농민의 훈장
별을 달아 영원히 빛나리라

유홍초

꽃은 별꽃인데
잎은 새의 깃털을 닮았다 하여
새깃 유홍초라 부른다 한다
외곬 진 돌담별 사이로
밤이면 슬금슬금 별빛을 따라
담벼락을 탄다
꽃대는 밤이슬 마시면서
아침을 맞이하려고
잠못이루고 보채더니
해가 밝아 오르니
새빨간 별꽃이 활짝 웃고 있다

백목련

온기 품은 햇살이
멍울진 가지에 뿌리더니
숨결이 어우르는 생명이
용트림을 보이고 있다
그대 고운 심성이
잔바람에 눈을 뜨더니
약속이나 한 듯이
향기는 소란을 피운다
순결하고 청아한 미소 짓는
우아한 그대 모습에
넋을 놓고서 상념에 잠기다 보니
정녕 봄의 주인공이라 말하리라
향기로운 그대의 살가운 고운 빛은
마른 내 가슴에 꽃물로 적시니
야리야리한 설렘이 봄바람 타고
아롱아롱 목덜미로 파고든다

신비의 무화과

그대는 왜 꽃을 피우지 못하는가
벌 나비와 사랑 한번 나누지 못했어도
외롭다 그립다 가슴앓이했을지도 모르지
홀연히 한 계절 옹알이만 하고서
그 뜨거운 사랑을 나눠주고 싶어
피지 못한 옹알이가 알알이 맺히더니
예쁜 꽃 모양으로 가슴을 열고서
향기롭고 달콤한 신비의 맛
사랑을 널리 멀리 베풀고 있구나

노노 케어

고목도 쓸모가 있다네

세월의 무게에 뭉개져

휘청거린 시간을 붙잡은

노각에게 베풀어 주고파

썩고 시들어간 고목 등받이

버팀목으로 기대어 준다

달리아

달력을 삼키니 바람이 등 떠밀어
어느 날 입덧을 하며 쓴맛을 던지더니
태동을 느끼며 뜨거운 여름날에
다소곳하게 잉태한다

핑크빛 달리아 머리 위에는
간밤에 별과 달이 뱉어낸 이슬방울
아침이면 햇살이 말끔히 닦아주니
화사한 봉오리는 내 눈과 마주치며
발걸음을 멈추게 하고 미소를 보낸다

살금살금 내 눈빛은 봉오리 속으로
파고드는데 여름날 따가운 햇살은
달리아 꽃잎의 시선을 돌리게 한다
벌겋게 타버린 고개를 숙인 달리아야

청보리밭에서

푸른 바람 슬렁슬렁 일렁이는
너른 들녘 청보리밭에서
삐죽거린 이삭을 헤쳐가며
이랑 길 걷다 보니
울렁이는 건 예전의 젊은 나인 듯
실루엣 스카프 휘날리던
참한 보리 아가씨가 되어
풋풋했던 그 시절 회상하면서
삶의 릴레이를 이어주는
바통을 받아 쥐고 황혼 속으로
질주하고 있는 발걸음이
무거워 쉬었다 가고 싶다

외눈박이 감시원

독 오른 독사의 외눈으로
호흡을 멈춘 듯 숨어서
그는 보고 있다
그림자조차 허락하지 않는다
면밀히 지켜보며
공간을 유린하는 섬세함
지능적으로 전달까지 해 준다

여름이 걸어오네

하얀 찔레꽃이 시들고 연둣빛 잎새들도
길어져 가는 햇살에 짙어져 숲은 변하고 있다
작은 들꽃들이 시샘하듯 꽃봉오리를 터뜨리고
앞산에 장끼들 사랑 찾아 울부짖고 뒷산에 뻐꾸기
무슨 사연 땜에 구슬피 울어 대는지 내 마음도
또 한 계절을 묻어야 하니 애달파진다
누렇게 익어가는 보릿고개는 망종을 기다리며
녹색 바람에 살랑거리고 푸르러만 가는 들녘
논골에서는 개구리들도 내 세상이라 외치고
조금씩 열을 뿜어대는 저 태양은
녹색으로 초목들을 물들이며 슬금슬금
여름을 몰고 걸어오고 있다

인생 잔고

봄인가 했더니
어느새 꽃잎이 떨어지면
한 계절 인생 통장 한 장을 넘긴다

화사했던 꽃잎도 시들면
바람에 뒹굴며 볼품없이
흙으로 돌아가게 되듯이

나의 모습도 한때는
풋풋하고 상큼한 능금처럼
꽃도 피고 알록달록 열매도 맺었는데

내 생애 통장에는
계절이 지나면 나이의 숫자가
통장의 잔고에 쌓인다

사는 동안 돈이란 돌고 돌기에
발버둥 치고 살아봐도
그렇고 그런 것 같다

남이야 억 억 한다 해도

내 통장에 백 원의 숫자도
나의 일상에 무사함이 다행이요

인생 통장 잔고에는 행복 숫자로
화사하게 알록달록 예쁘게
기록으로 남았으면 좋겠다

압해도의 밤바다

하늘엔 별빛 바다에도 별빛
중구살 중턱에서 머뭇거릴 즘
밀물이 강변까지 밀려올 때면
밤바다 위에 떠다니는
어부의 눈빛도 함께 반짝이네
신장 분매 산모퉁이 돌아 가란도 건너편
학동 앞바다에 수놓은 은하수를 바라보며
호장목 사이로 달리는 차량들 불빛도
은하수를 건너고 있다
압해도 명산 송공산 둘레길 돌다 보면
무지개 마을 저 건너 외안도 앞바다에도
달빛 별빛과 낙지잡이 횃불이
잔잔한 파도 위에서 함께 춤을 추고
압해도 뻘낙지는 주낙에 유혹되니
어부의 입가에는 함박꽃이 피어난다

가슴을 열어보니

녹음이 짙어지고 초록빛 하늘거림이
가슴으로 스며들고 생의 노래가 청산을 부른다
푸른 숲속으로 들어서니 매미가 귀를 간지럽히고
골짜기 바위틈에서 조잘조잘 발바닥을 간지럽힌다
수십 년 버티어온 소사나무 가지에선 산비둘기가
짝을 찾아 헤매는지 구구대며 푸드덕 날아다닌다
이글거리는 태양을 피해 푸른 숲속 시원한 냇물에
발을 담그고 가슴을 열어놓고 자연의 신비로움을 담는다

황혼의 로망

여명의 떠오르는 저 태양은
쉼 없이 세월을 묻어 버리고
구름에 쫓기 듯 많은 날을
흘려보낸 그림들이 석양에 걸린 뒷마당에서
서쪽을 바라보니 서서히 시간의 무게를 느낀다
햇빛이 지나간 골목에 추억을 그리고
허물어진 시간 속에서 추억을 찾아
행복 그리움 외로움 기다림
여정 속에 주어진 여러 색깔들 모아서
예쁜 화선지에 그때 그 시절 생애사를 만들어 보고 싶다
마음의 여유를 가지고 천천히 황혼 불을 지피고 싶다

해설

눈부신 소멸의 꿈

이송희(시인·문학평론가)

1.

곧 소멸하거나 떠나가게 될 존재의 뒷모습이 아름다울 수 있을까? 누구나 자신의 뒷모습이 아름답기를 바라겠지만 살아온 삶의 양상만큼이나 그 모습은 예측하기 어렵다. 우리는 떠나가는 이의 뒷모습을 보고 자신의 뒷모습을 그려보며 어떻게 살아가야 할지를 고민해 볼 뿐이다. 우리가 저무는 존재에 대해 갖게 되는 연민 혹은 애착은 더 이상 함께 할 수 없다는 아쉬움과 더욱더 선명해져서 떨쳐낼 수 없는 기억 때문일 것이다. 그러나 박성금 시인은 저문다는 것이 생을 마감하는 것이 아니라 새로운 출발선에 서는 것이라는 의미로 전환하며 삶에 가치를 더 부여한다. 삶을 가치 있게 가꾸기 위해서는 마음이 바닷가 몽돌처럼 둥글어져야 한다는 것을 시인은 안다. 박성금 시인은 오랜 세월을 살다 보면 서로 대립하거나 반목하게 되는데 더는 갈등하지 않고 원만하게 더불어 살아가는 요령과 지혜를 깨닫게 되었음을 성찰한다. 시인은 인격이나 어떤 기질 같은 것들이 시간이 흐르면서 좀 더 포용력 있고 융통성 있게 커져야 한다는 것을 자연에서 배운다.

박성금 시인의 언어는 한 번뿐인 현생의 삶이 특별하고 소중하다는 전제를 매 순간 각인시킨다. 세상을 지혜롭고 가치 있게 살아내기 위한 믿음은 결국 자신의 정체성을 회복하고 사람들 사이의 관계를 탄탄하게 형성하는 길을 낸다. 바람과 파도, 햇살과 별빛 등에 의해 계속 자신의 몸이 깎이고 부딪히는 고통을 감내하는 몽돌처럼 우리도 "서로를 안고 뒹굴며/ 들숨 날숨 둥글게 닮아"(「몽돌의 애상」)가야 한다는 진리가 여기에 있다. 헤아릴 수 없는 억겁의 시간을 지나오는 동안 둥그스름해지는 몽돌의 지문을 만져본다.

꽃은 하나의 몸짓으로 말한다
맑은 영혼에서 향기가 발하고
소리가 없어도 꽃은 향기로 말한다
사람이어서 사람이듯
꽃이어서 꽃이라고

철 따라 이름을 달고

색색으로 말한다

작은 들꽃도 향기로 벌 나비와

사랑을 속삭이고

이름 모를 야생화도

바람이 흔들어 대니

꽃은 향기로 말하고

색으로 꽃이 된다

─「꽃은 향기로 말한다」 전문

  꽃의 언어는 향기롭다. 소리를 내지 않고도 꽃은 하나의 몸짓으로 말하기 때문이다. 꽃은 계절마다 품종마다 다채롭다. 벌과 나비는 꽃이 품고 있는 다디단 양분이 있으니 모여드는 것이다. 꽃이 화려하고 좋은 향기를 풍기는 이유는 벌과 나비를 불러들일 수 있고, 그래야 식물의 번식도 가능하기 때문이다. 이것은 식물의 생존전략인데, 황홀한 색과 향기는 꽃의 생존 수단이다. 꽃은 향기와 색으로 자신을 드러낸다. "사람이어서 사람이듯 꽃이어서 꽃이라"는 말은 꽃이 그 존재 자체만으로 살아가야 할 의미를 드러내고 있음을 품는다. 다른 구차한 설명은 필요하지 않다. 오로지 그 존재 자체만으로도 이미 '살아있음'이 증명이 되는 그런 삶을 살아야 한다는 박성금 시인의 전언이 담겨 있다.

2.

    시간의 지문을 따라 걷다 보면
    둥글고 네모나고 뾰족한 돌들 마냥
    문양처럼 흔적을 그리고 있다
    시간표 위에 나를 올려놓고
    어디론가 떠나자고
    노예처럼 끌고 가는 시계추
    쩍 깍 쩍 깍 돌아가 봤자
    밖이 안이고 안이 밖이다
    느리지도 그렇다고 속도를 낸 것 같기도
    진창인가 싶으면 무지개가 뜨기도
    어느새 히죽거린 주름진 눈웃음 속엔
    자승자강自勝自强이란 좌우명은
    지금도 진행 중이다
    예고도 없이 문턱을 넘어버린 가을 앞에서
    나는 기억을 꺼내 소처럼 되새김질한다

                    —「삶의 되새김질」 전문

   시간을 거슬러 걷다 보면, 삶의 모양은 "둥글고 네모나고 뾰족"한 돌들처럼 흔적을 그리고 있다. 산기슭에 있는 거친 돌들은 강을 타고 바다로 내려오면서 세찬 물줄기로

인해 깎이고 깎여 동글동글한 돌이 된다. "시간표 위에" 자신을 올려놓은 주체는 어느새 시간의 노예가 되어 흘러가는데, 시계추를 따라 돌아가 봤자 "밖이 안이고 안이 밖"인 풍경만 맴돌 뿐이다. 주체는 삶이 매 순간 같은 자리를 도는 것 같다고 느낀다. "느리지도 그렇다고 속도를 낸 것 같기도" 하고, "진창인가 싶으면 무지개가 뜨기도" 하는 삶을 살다 보니 어느새 거울 앞에서 주름진 얼굴의 내가 보인다. "주름진 눈웃음" 속에서 주체는 "자승자강自勝自强이란 좌우명"을 되새긴다. 자승자강에는 '자신을 이기는 것이 진정한 강함'이라는 뜻이 담겨 있다. 자신의 한계와 유약함, 허물 등을 이겨내고 극복해 내는 것이야말로 진정한 강함이다. 지난날 자기의 허물과 실수, 과오 등을 되새기면서 똑같은 과실을 반복하지 않겠다는 다짐의 표현이기도 하다. "시간의 지문"은 진창인가 싶으면 무지개도 뜨던 날을 반복했던 주체가 걸어온 삶의 흔적이다. 자승자강의 좌우명이 지금도 진행 중이며 기억을 되새김질하는 주체의 행위가 지속되는 것은 자신의 한계를 스스로 극복하겠다는 의지가 강력하다는 것을 보여준다.

    한 뼘씩 짧아지는 가을 햇살
    구순의 어머니 표정은 가을이다

천식이 도지고 심장이 좁아지듯

　　마지막 잎새처럼 바스러진다

　　만날 때마다 눈가에 물기가 어려 있다

　　언젠가는 떨어져야 하는 불변의 법칙이지만

　　색을 입은 낙엽들도 서서히

　　바람에 나부껴 가지를 떠나고

　　갈대는 바람이 없어도

　　은빛으로 나부낀다

　　어머니의 의중이 역력해 보인다

　　어느 날 고운 잎 잔바람에 떨어지듯

　　꽃상여 현란한 색감으로 떠나가는

　　애상의 슬픈 곡조처럼

　　세월 지는 소리가 빨갛게 타들어 간다

　　　　　　　　　　　　　—「낙엽 인생」 전문

　햇살이 "한 뼘씩 짧아지"며 가을도 저물어 간다. 무언가 바스러져 말라간다는 것은 생명이 꺼져가고 있다는 징조다. 몸에 수분이 빠지는 것은 생명의 기운이 사라지는 것과 같다. 구순九旬의 어머니를 "만날 때마다 눈가에 물이 어려 있"는 것은 물이 빠져나가 생명의 기운이 다 하니, 애잔하고 쓸쓸하고 아련한 느낌이 드는 마음으로 수렴된다. 낙엽이 지는 것은 또 다른 삶을 위한 불가피한 과정이다. 가을에 낙엽이 져야, 봄의 초목草木에게 꼭 필요한 거름이 된다.

이 과정이 생략되면 우리는 살아도 살아있는 것이 아니다. 노을 지는 모습도, 단풍 드는 모습도 바짝 타들어 가는 세월이 저물어 가는 풍경이다. 가을 낙엽을 보면서 주체는 구순의 어머니도 어둠 속으로 곧 저물어 갈 것이라는 생각을 한다. 이 시가 떠나가는 생명에 대한 애상의 마음을 담고 있으면서도 슬픔에만 매료되지 않는 것은 소멸과 떠남의 이미지를 공감각적으로 수렴하고 있기 때문이다. 그리고 소멸하는 순간을 화려한 색깔인 꽃상여에 실어서 보내는 장면의 전환을 보여주며 마무리하고 있다는 점이다. 죽어가는 순간에 붉은빛이 돈다. 겨울이 오기 전에 살짝 따뜻해지는 기간인 '인디언 서머Indian Summer'처럼, 최후를 맞이하기 전 의식도 잠시 또렷해진다고 한다. 임종의 순간 불꽃처럼 확 타올라서 꺼져버린다. 절망 가운데 뜻하지 않은 희망 같은 것을 보고 싶은 주체의 정서를 반영한 것이 아닐까.

　　바람의 눈초리가 싸늘히 식었습니다
　　내 등줄기엔 찬 기운이 파고듭니다
　　갈바람에 나뭇잎들은 비틀거리며
　　색색이 갈아입은 옷자락을
　　바람이 할퀴어 길바닥에 눕히고
　　은빛 억새꽃도 헐떡거린 숨소리로

생명줄을 털어 내는 중이고

향기로 뿌려놓은 들꽃들도

이젠 먼 길을 떠나려고 합니다

비우고 버리고 내려놓으면

또다시 채워진다는 것을

가을 숲은 말합니다

한로가 데리고 온 무서리가

또 다른 계절의 옷을 갈아입히고

겨울 준비를 하겠지요

—「한로」 전문

절기상 10월 8~9일 즈음을 한로寒露라 한다. 찬 이슬이 내린 시기라 하여 진정한 가을걷이를 하는 때다. 또한 이 시기에는 철새가 제각기 자기 자리를 찾아 떠나는 때이기도 하다. 농가에서는 추수秋收를 해야 하니 손길이 분주하다. "은빛 억새꽃도 헐떡거린 숨소리로/ 생명줄을 털어 내는 중이"라는 것은 씨앗들을 멀리 퍼프리는 모양인 듯하다. 낙엽은 지고 씨앗은 널리 퍼트리고, 열매는 사람들이 거둬들인다. 인간은 가을 숲에서 많은 것을 얻지만 숲의 입장에서는 인간에게 내어 주고 많은 것을 비우고 버린다. 숲은 비우고 버리지 않으면 다시 채울 수 없다. 무덤 위에 요람이 있다는 생명 순환의 원리다. 이 시는 저물어 가는 순간과 생명이 다시 움트는 순간을 함께 이야기하며 삶을 순리대로 살아내는 방식을 보여준다. 비워주고 내어 주어야지 채울 수 있다는 것은 우리가 자연에게서 배워야 할 진리다.

3.

    쌓인 낙엽 무더기를
    살며시 쓸어안고
    노을빛에 불을 지피면
    일렁이는 강물 속에
    가을 산은
    침전되어 채색된다

    나이가 무거워질수록
    쉬엄쉬엄은 그저 말뿐인 듯
    바쁘기만 하다

    세월의 뒷자락을 잡고
    돌이킬 수 없는 것들은
    화석처럼 견고해지고
    숫자만 저축하듯 늘어난다

> 이제는 돌아봐도 역행을 할 수 없다
> 보낸 것들을 긴 그림자로 동여매고
> 잃어버린 시간의 지문을 찾아
> 돌아가고 싶다 유턴하고 싶다
>
> ─「유턴」 전문

바쁘면 선의善意를 실천하기가 쉽지 않다. 그러므로 바쁘다는 것은 악惡에 가깝다. 자기 생존에 급급해서 주위를 돌아볼 여유가 없기 때문이다. 그렇게 자기 몫만 챙기다 보면 아이러니하게도 각자도생各自圖生을 해야 하는 까닭에 삶은 더욱 고단하고 각박해진다. 주변을 배려할 수 있는 마음의 여유가 필요한데 현대인들은 그럴 시간이 없어 남을 돕지 않는 경우가 많다. 모든 사람이 정신없이 바쁘게 움직여야만 하는 사회에서는 '배려와 친절'이 온전히 발현되기 어려운 것이 당연하다. 나이를 먹을수록 살아갈 시간이 얼마 남지 않았다는 생각에 주변을 돌아볼 여유를 잃고 살기 쉽다. 그러나 분명한 것은 우리는 경험한 대로 행동하는 존재라는 것이다. 그러므로 우리가 맞닥뜨릴 미래는 곧 우리의 선택에 달렸다. 세상을 대하는 태도가 곧 자기 자신을 대하는 태도라는 것을 각성한다면, 우리는 일상에 여유를 갖고자 더 노력하게 될 것이다. "세월의 뒷자락을 잡고/ 돌이

킬 수 없는 것들은 "숫자만 저축하듯 늘어"만 가고 유−턴(U-turn)을 허용하지 않는다. 그러나 "이제는 돌아봐도 역행을 할 수 없다"는 걸 깨달아야 할 때, "보낸 것들을 긴 그림자로 동여매"야 한다. 주체가 자꾸만 "잃어버린 시간의 지문을 찾아", "돌아가고 싶"고 "유턴하고 싶다"고 말하는 것은 그것이 사실상 불가능하다는 걸 알기 때문이다. 이는 지나온 삶에 대한 후회와 자책의 다른 방식이다.

  청춘은 멀리에서 온 것 같지만
  지금도 내 앞에서 서성거린다
  저만치 흘러버린 시간을 쌓은
  탑 위에 자화상을 걸어 두고
  기억을 잠시 되새김질해 보니
  인생론 산전수전 생각하기 나름이건만
  무탈하게 여기까지 왔노라고
  긴 한숨을 내쉬어 본다
  이제 다시 또 은빛으로
  물들어 갈 정거장 앞에서
  미로의 길을 찾아 승차하고서
  서쪽을 향한 기적소리 따라
  퇴색해 버린 얼굴만큼이나

    익어버린 단풍처럼 붉은 심장을 태우는

    노을빛으로 저물어 가는

    다음 정거장 도착지에 내리는 날

    나의 뒷모습이 아름답기를 소망해 본다

—「기억의 정거장에서」 전문

"청춘은 멀리서 온 것 같지만/ 지금도 내 앞에서 서성거린다"고 말한 주체의 진술에 동의한다. 청춘은 매 순간 돌아오기 때문이다. 마음은 항상 젊을 수 있다. 그 사람이 어떻게 살아왔든 '지금 여기'에 무탈하게 살아있다는 것만으로도 대단하고 경이롭다는 생각이 든다. "은빛으로 물들어 갈 정거장"이라 했으니 이제 노년의 삶에 들어섰다는 것이 아닌가. "미로의 길을 찾아 승차하고서/ 서쪽으로 향한 기적소리 따라" 저물어 가는 길에는 노을빛이 더욱 붉다. 미로는 출구가 보이지 않는 길이기도 하고 빠져나오기 힘든 길이라는 상징성을 동반하며 예측할 수 없는 인생을 은유하기도 한다. 서쪽을 향한다고 했으니 해가 저물어 가는 곳이겠다. 삶의 종착역에서 유종의 미를 거둬 보겠다는 것인데 마지막을 아름답게 보내는 일이 좀처럼 쉽지 않아 보인다. 그저 "노을빛으로 저물어 가는/ 다음 정거장 도착지에 내리는 날", "나의 뒷모습이 아름답기를 소망해" 볼 뿐이다. 주체는 여전히 "탑 위에 자화상을 걸어 두고/ 기억을 잠시 되새김질"하며 자신을 성찰하고 반성하는 시간을 걷는 중이다.

> 갈바람에 휘청거리는 자작나무 숲속
> 소란스럽게 깔린 낙엽들
> 찬 서리에 뒹굴며 가을 문턱을 넘는다
>
> 해야 할 일과 바래고 싶은 심신
> 말 많고 일도 많은 삶의 현장에서
> 고단한 마음의 쉼을 위해
> 조용한 공간에 몸을 뉘고
>
> 마른 이끼를 떼어내지 못한
> 바위 같은 무거운 마음에
> 묵은 각질을 낙엽으로 덮어버리고
> 보이지 않는 또 다른 나의 미지로
> 꿈틀거리고 싶다
>
> ─「무상」 전문

생각이 없다거나 형체가 없다는 의미의 무상無相이 이 시에서는 덧없다〔無常〕는 의미로 읽힌다. 상실과 소멸의 이미지가 강하기 때문이다. "고단한 마음의 쉼을 위해/ 조용한 공간에 몸을 뉘"는 행위는 말 그대로 휴식하고 싶거나 잠을 자기 위해서도 있지만 죽음에 이르렀을 때도 가능하다. 그러나 "묵은 각질을 낙엽으로 덮어버리고/ 보이지 않는 또 다른 나의 미지로 꿈틀거리고 싶다"는 주체의 선언으로 보아 주체는 지금의 한계를 깨부수고 다시 태어나고픈 욕망이 있음을 알 수 있다. 진정한 죽음은 내게 주어진 한계나 틀을 깨부수는 것이기도 하다. 자신을 담은 그릇, 양식 등을 없애고 새로운 틀 안에 자신을 집어넣었을 때 이것이 바로 재생이고 부활이 되는 것이다. 주체는 "조용한 공간에 몸을" 누이고 "마른 이끼를 떼어내지 못한/ 바위 같은 무거운 마음에/ 묵은 각질을 낙엽으로 덮어버리"는 행위로 현생의 시간을 털어 내고 걷어 내며 거듭나고자 한다.

4.

부드럽고 약한 것 같으나
강하고 날카로운 것은 입술이다
그 안에서 놀리는 혀는 주재가 되어
따뜻함과 차가움의 온도 차가 발생한다

목련꽃처럼 온화한 봄날에 순수함이

피어난다면 온도는 따뜻하게 오를 것이고

고드름이 땅을 찌를 듯 차갑게 굳어버린 말은

영하로 뚝 떨어지게 만들 것이다

사랑으로 감싼 입술이라면

따끈따끈한 난로 위에 얹어놓은

물 주전자 주둥이에서 나불나불 스민 김이

하나의 공간을 온기로 채우고

차가운 입술에서 날카롭게 뱉어내는 말씨는

얼음장 속에서 싹을 틔우지 못할 것이니

입술을 움직일 때는 따뜻한 입김으로

여린 새싹들 예쁘게 키울 수 있는

말의 온도계를 마음에 달고 싶다

―「말에 온도계가 달렸다」 전문

 말은 "부드럽고 약한 것 같으나/ 강하고 날카"롭기도 하다. "그 안에서 놀리는 혀는 주재가 되어/ 따뜻함과 차가움의" 온도 차를 발생시킨다. 말은 차갑게도 뜨겁게도 할 수 있다. 그런 점에서 말은 사람을 살리기도 죽이기도 한다. 그러나 실상 사람들은 자신이 듣고자 하는 대로 선택하여 듣는다. 말을 잘하기 위해서 중요한 것은 자신이 듣고자 하는 대로 말을 하면 된다는 것이다. 황금률처럼 '자신이 대접받

고자 하는 대로 상대를 대접하라'는 것이다. 말에도 온도계가 있어 자신이 뱉는 말이 차가운지 따뜻한지 알고 싶다는 주체의 바람에는 말의 영향력과 말의 위험성이 녹아 있다. 말을 너무 쉽게 하고 함부로 하는 세태를 비판하며 주체는 "말의 온도계를 마음에 달고 싶다"는 다짐을 통해 스스로에게도 따뜻한 말을 건넬 것을 주문해 보는 것이다. 따뜻한 말의 힘이야말로 세상을 환하게 밝혀 줄 수 있다는 믿음으로 주체는 자꾸만 기억을 되새김질하면서 무거운 마음의 길을 낙엽으로 덮고 "보이지 않는 또 다른 나의 미지로/ 꿈틀거리고 싶"(「무상」)은지 모른다.

이제 주체는 "여름이 조금씩 몸을 식히는 시간"(「우주 다큐」), 평상 위에 앉아 달의 이면에 담겨 있을 견우와 직녀의 안타까운 사랑과 별들의 이야기를 상상한다. "빛을 방출하는 천체들의 시공간 따라/ 나도 하나의 공간 지구에서 세상을 읽"어 본다. 주체가 지구별에 숨어 세상을 엿보는 행위는 결국 무거운 짐을 싣고 꾸역꾸역 살아온 삶에 매몰되어 있지 않고 별과 꽃과 나무와 눈 맞춤하며 "마음을 달"(「황혼의 뜰」)래며 고통을 극복하는 방식이다. 가끔은 "타임머신을 달고 허공을 향해/ 날아가고 싶다"(「삶의 시선」)는 엉뚱한 상상도 하면서 매 순간 자신을 만나는 중이다. 박성금 시인의 시집은 저물어 가는 풍경 속의 존재를 고

스란히 품으며 걸어온 길에 대한 성찰의 과정을 오롯이 담아낸다. 일정한 간격을 유지하며 자신을 마주하는 법을 아는 박성금 시인의 언어는 그래서 슬프지만 따뜻하다.

꽃은 향기로 말한다

초판 1쇄 인쇄일 | 2024년 10월 10일
지은이 | 박성금
펴낸이 | 김미아
펴낸곳 | 더푸른 출판사
편 집 | 하종기

출판 등록 2019년 2월 19일 제 2009-000006호
경기도 평택시 지제동삭3로11, 108동 802호

전화 | 031-616-7139
팩스 | 0504-361-5259
E-mail | dprcps@naver.com
홈페이지 | https://blog.naver.com/dprcps

ISBN | 979-11-981736-9-0

값 12,000원

* 지은이와 협의에 의해 인지는 생략합니다.
* 잘못된 책은 구입하신 곳에서 교환해 드립니다.